냥이가
임신을
했어요

서울대학교동물병원 Health+6

냥이가 임신을 했어요
임신과 출산

초판 1쇄 발행 2020년 4월 20일

지은이 장구
펴낸이 오세정
편집 박희자
디자인 장혜원
인쇄 교학사

펴낸곳 서울대학교출판문화원
주소 08826 서울 관악구 관악로 1
도서주문 02-889-4424, 02-880-7995
홈페이지 www.snupress.com
페이스북 @snupress1947
인스타그램 @snupress
출판등록 제15-3호

ISBN 978-89-521-2930-7 14490
978-89-521-1973-5 (세트)

서울대학교 동물병원 Health+6

냥이가 임신을 했어요

장구 서울대학교 수의과대학 교수

임신과 출산

서울대학교출판문화원

발간사

1인 가구의 급증 및 저출산·고령화 현상과 더불어 반려동물과 함께 사는 가정이 나날이 증가하고 있습니다. 한국보건사회연구원의 통계에 의하면, 한국의 경우 반려동물과 함께 사는 가구는 4가구 중 1가구에 달한다고 합니다. 반려동물과 함께 살아가는 인구가 천만이 넘는 시대가 된 것입니다.

반려동물이 우리 생활권 안에 깊숙이 들어온 만큼 이에 대한 정보 또한 넘쳐나도록 풍부해졌습니다. 그러나 그만큼 잘못된 정보들이 인터넷과 오프라인 공간을 무차별적으로 넘나들고 있는 실정입니다. 서울대학교동물병원 Health⁺ 시리즈는 이러한 상황에서 반려동물의 건강 및 질병, 올바른 관리법 등에 대한 표준화된 정보를 제공하고자 기획·발간되었습니다.

서울대학교동물병원 Health⁺ 시리즈는 무엇보다 정확한 근거를 둔 의학 정보를 제시하는 데 중점을 두었습니다. 이를 위해 서울대학교동물병원 교수진이 직접 전공 진료과별로 다양하게 검증된 의학 정보를 선별하여 수록하였습니다. 뿐만 아니라 다양한 사례와 사진, 그림 자료를 수록하여 자칫 딱딱하고 어렵게 느껴질 수 있는 전문 지식을 최대한 쉽게 전달하려고 노력하였습니다. 각 권 말미의 Q&A에서는 반려동물과 함께하며 겪을 수 있는 문제들과 그 해법을 실었습니다.

반려동물의 행복은 반려동물과 함께 사는 사람의 행복과 깊은 관련이 있습니다. 서울대학교동물병원 Health+ 시리즈가 반려동물의 건강에 기여하고, 나아가 반려동물과 함께 살아가는 여러분의 행복에 보탬이 되기를 바랍니다.

끝으로 이 책이 출판되기까지 오랜 기간 동안 애써 주신 서울대학교동물병원의 전임 원장님들과 집필 교수진, 그리고 서울대학교출판문화원 관계자 여러분께 감사의 말씀을 드립니다. 이 시리즈의 발간으로 '동물과 사람의 행복 나눔'이라는 서울대학교동물병원의 꿈에 한 발짝 더 나아갈 수 있게 되기를 기대합니다.

2017년 8월

서울대학교 동물병원장

차례

01

임신할 준비가 되었는지 어떻게 알 수 있나요?

고양이의 짝짓기 시기는 보통 생후 1년 이후가 좋다고 알려져 있다.
고양이의 생리는 매우 특이한데, 계절적으로 임신이 가능하다는 것이다.
즉 볕이 길어지는 봄에 임신이 가능하며,
봄에 짝짓기가 성공적으로 이루어지면 약 63일 이후 출산을 하게 된다.

임신이 가능한 시기

모든 포유동물은 임신을 하려면 생식기관의 성숙이 이루어져야 하는데, 반려묘의 성 성숙은 반려견과 비슷한 약 6~10개월령 이후에 완성된다.

고양이의 경우 일반적으로 털이 짧은 품종이 털이 긴 품종보다 먼저 성 성숙에 이른다고 알려져 있다. 버마 고양이(Burmese)는 종종 4개월에 성 성숙에 도달할 만큼 빠르지만, 페르시안(Persians) 품종은 성 성숙에 도달하는 데까지 걸리는 시간이 12개월 정도로 길다.

이와 같이 고양이는 품종별로 임신이 가능한 시기가 약간 차이가 있으며, 또한 태어나는 시점이나 계절에 노출되는 시간에 따라서도 달라질 수 있다.

일반적으로 고양이는 주로 2~8세 사이에 임신이 가능하며, 10세 이후에는 임신 능력이 감소하여 임신이 잘 되지 않는다. 하지만 10세 이후에도 임신이 보고된 경우도 있다.

발정 주기

암컷의 발정 주기

고양이에서 가장 특징적인 것은 계절적 발정 주기이다. 동지를 기준으로 밤의 길이가 줄어들고 낮의 길이가 늘어나는 시점에 시작된다고 할 수 있으며, 우리나라가 속한 북반구에서는 주로 2월부터 발정이 시작된다.

발정 전기 발정(0.5~2일 정도의 짧은 기간)이 시작되면 난소에서 여성호르몬(estrogen)이 증가하면서 다양한 발정 전기 행동을 보인다. 대표적인 행동으로 애교스러운 소리와 구르기, 사물에 목과 머리 문지르기 등이 있다.

반려묘의 경우 반려견과 달리 외부 생식기관의 특별한 변화가 관찰되지 않아 유심히 관찰하지 않고서는 특별한 변화를 찾을 수 없다. 다만 이 시기에는 수컷에 대해서 특별한 반응을 보이지 않는다.

발정기 발정기는 약 3~18일 지속되며, 이 시기에는 앞서 발정 전기에 보여 준 발정 전기 행동들이 더욱 심하게 나타나고 수컷을 허용하게 된다. 고양이에서 또 다른 특징 중의 하나는 수컷과의 교미가 있어야만 배란이 된다는 점이다. 발정기에 수컷과 교미 행동을 하지 않으면 암컷은 배란이 되지 않은 상태로 발정 휴지기(interestrus)를 갖게 된다.

수컷과 교미 행동을 하게 된 암컷들은 두 가지 형태로 나누어진다. 그중 하나는 충분한 교미 활동(2회 이상)이 이루어진 경우로, 난소의 난포에서 배란된 난자가 정자와 수정해 임신기로 진입하게 된다. 만약 수정이 되지 않으면 배란된 난포는 황체를 형성하지만 임신은 되지 않

고양이의 계절 발정 주기

Doctor's Memo

사람을 포함한 대부분의 포유동물은 계절에 상관없이 발정 주기를 가지고 있지만, 몇몇 동물에서는 특정 계절에만 발정을 보이기도 한다. 주로 볕이 길어지는 봄에만 발정이 오는 대표적인 동물에는 고양이와 말이 있다. 반대로 볕이 짧아지는 가을에 발정이 오는 대표적인 동물로는 염소와 사슴이 있다.

고양이의 경우 밤의 길이가 가장 긴 절기인 동지를 기준으로 낮의 길이가 증가하면서 볕에 노출되는 시간이 증가하면서 점차적으로 발정이 오는데, 보통 2~3월부터 발정이 시작된다.

은 비임신기로 진입한다. 다른 하나는 불충분한 교미 활동(1회)으로 난자가 배란이 되지 않아서 발정 휴지기로 진입하는 것이다.

임신기 충분한 교미 활동으로 배란이 정상적으로 이루어지고 정자와 수정이 되면 수정된 배아는 자궁에 착상한다. 이후 약 63일의 임신 기간을 거쳐서 출산을 하게 된다.

비임신기(상상임신기) 충분한 교미 활동이 이루어졌는데도 수정이 안 되고 임신이 되지 않은 암컷 고양이는 반려견처럼 상상임신 기간을 거칠 수 있다. 그러나 반려견에서 보이는 상상임신처럼 실제로 유선이 발달하고 초유가 나오는 경우는 거의 없으며, 호르몬의 변화 양상도 임신기와는 조금 다르다.

번식을 위하여 수컷을 선정할 때는
다음과 같은 사항을 고려하는 것이 좋다.

- 유전적 질병 및 특성을 살펴본다.
- 몸이 건강하고 활력이 왕성하며 밝고 명랑한 성격이 좋다.

무발정기 볕이 길어지면서 발정 주기가 시작되므로, 반대로 볕의 길이가 짧아지면 발정이 없어지는 무발정기에 들어가게 된다. 우리나라가 위치해 있는 북반구의 경우 여름이 지나면 발정 주기가 없어지고, 가을과 겨울에는 무발정기가 된다고 보면 된다.

수컷의 발정기

수컷의 발정기는 암컷의 경우처럼 볕에 의해 조절된다고 알려져 있지만, 대부분 연중 언제나 정자의 생성이 가능하며 수정을 할 수 있다. 하지만 연구 보고에 따르면 수컷의 번식 활동, 즉 정자의 운동성 및 성호르몬의 활동이 암컷의 발정기와 비슷하게 2월부터 8월까지 높게 관찰되었다.

임신 기간

고양이의 임신 기간은 평균 63~68일 정도로 간격이 넓은 편이다. 이렇게 임신 기간의 간격이 다른 동물과 달리 넓은 이유는 교미 배란에 따른 배란 시점의 다양성 때문에 정확한 날짜가 나오지 않기 때문인 것으로 알려져 있다.

고양이는 여러 마리를 임신하는 동물이므로 임신 개체수가 적어 출산이 늦어지거나, 개체수가 많아 조산이 일어날 수 있으니, 임신 말기에는 동물병원에서 임신 개체수를 확인하는 것이 필요하다.

참고로 개의 임신 기간은 배란 후 63±1, 소는 280일, 돼지는 114일, 말은 330일, 사람은 40주이다.

임신했을 때 나타나는 증상

고양이의 임신 기간은 63~68일로 사람의 임신 기간에 비하면 짧기 때문에 꼼꼼히 관리를 해야 한다.

짝짓기를 하고 난 후 2~3주가 지나면서 배가 불러오고 유두가 핑크색으로 변하기 시작한다. 하지만 임신한 새끼의 수가 적을 경우에는 변화가 뚜렷하지 않아 4~5주가 되어야 변화를 관찰할 수 있는 경우도 있다. 3주 후부터 사료 섭취량이 늘고 체중이 증가한다. 참고로 분만 일주일 전부터 초유가 나오는 경우도 있다.

이후 임신에 대한 내용은 뒤에서 좀 더 자세히 다루기로 한다.

02

임신 여부는 어떻게 알 수 있나요?

짝짓기 후 약 3주가 지나면 배가 불러오는 것을 알 수 있다. 한 달이 지나면 유두 주변의 털이 옅어지고 유두가 핑크색으로 변하며, 그 후 유방이 부풀어 오른 것을 관찰할 수 있다.

짝짓기 후 임신 여부 확인하기

정확한 임신 여부는 짝짓기 후 약 30일경 초음파 검사를 통해 자궁 안에 자리 잡은 아기집을 관찰함으로써 알 수 있다. 간혹 경험이 많은 수의사들은 배를 촉진하여 자궁을 확인함으로써 임신 여부를 판단할 수도 있지만, 이 경우 주의해야 한다. 민감한 고양이의 경우 촉진만으로도 유산이 될 수 있기 때문이다.

외형적으로도 약 3주가 지나면 배가 불러오는 것을 알 수 있으며, 한 달이 지나면 유두 주변의 털이 옅어지고 유두가 핑크색으로 변하며, 그 후 유방이 부풀어 오르는 것을 관찰할 수 있다. 40일 이후에는 X-ray 검사를 통해 새끼의 골격을 확인함으로써 정확한 새끼수를 파악할 수 있다.

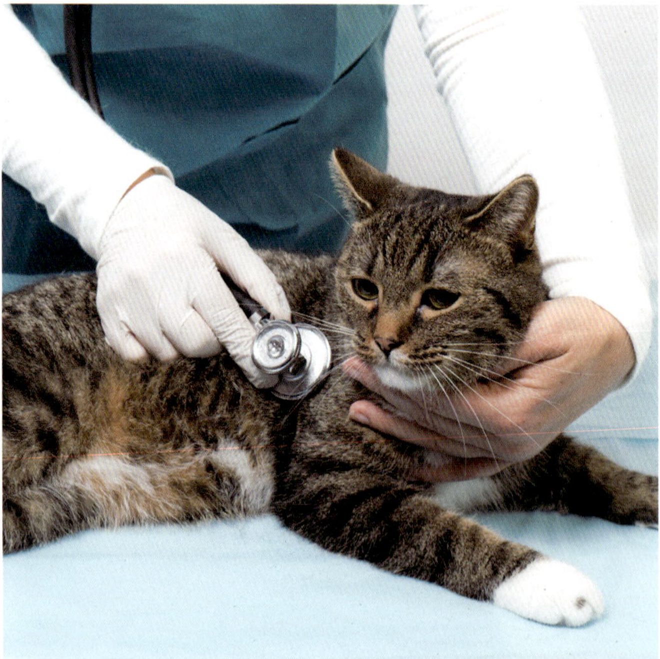

상상임신

사람의 경우 상상임신은 임신을 간절히 원하게 되어 임신과 같은 증상을 보이는 형태를 말하며, 신경정신과적 또는 정신과적 상담을 하거나 필요한 경우 대증 처치를 하게 된다.

고양이에서도 상상임신이라는 것이 존재하지만 개의 경우처럼 명확한 임상 증상이 있는 것은 아니다. 고양이의 번식 주기는 앞서 이야기한 것처럼 계절 번식과 교미 자극이라는 특징이 있다. 황체기에 진입하게 되면 임신이 되지 않은 경우에도 임신 호르몬인 황체호르몬이 분비된다. 이렇게 임신이 되지 않았는데도 황체호르몬이 높게 유지되는 것이 호르몬적으로 임신과 유사하여 상상임신이라고 부를 수 있다.

하지만 개에서처럼 유선이 발달하고 유즙이 분비되며 행동학적 변화를 나타내는 등 임신과 유사한 증상을 보이지는 않으며, 황체호르몬의 감소도 임신 때보다는 일찍 사라져 그 증상이 보이더라도 오래 지속되지는 않는다. 계절 번식

기간 동안에 교미 자극이 없어서 배란이 되지 않으면 아예 증상이 관찰되지 않는다.

또한 개의 경우 상상임신이 끝나면 무발정기로 진입하여 3~4개월간 발정 행동이 없지만, 고양이에서는 황체호르몬이 없어지고 나서도 아직 계절적으로 임신이 가능한 시기이면 발정 활동으로 빠르게 진입하여 다음 임신을 준비하는 단계로 넘어가게 된다.

중성화 수술을 한 고양이도 상상임신을 할 수 있을까? 이론적으로 중성화 수술을 한 암컷 고양이는 상상임신을 할 수 없다. 상상임신이라는 것은 난소에서 임신한 것처럼 호르몬이 분비가 되어야 하는데, 중성화 수술이 완벽하게 이루어진 경우라면 난소에서 호르몬 분비가 없기 때문에 상상임신은 발생하지 않는다. 그러나 너무 어린 나이에 중성화 수술을 한 경우 가끔 난소의 일부가 남아 있고, 난소가 기능을 하게 되면 상상임신 현상을 보일 수 있다. 중성화 수술을 한 후에 상상임신 증상이 반복된다면 동물병원에 가서 검사를 받아야 한다.

고양이를 위한 배란 테스트기가 있나요?

사람의 경우 임신 확률을 높이기 위하여 배란을 예측하는 배란 테스트기를 활용하여 소변에서 황체형성호르몬을 측정하여 이를 활용한다. 그러나 고양이의 경우 황체형성호르몬을 활용한 배란 테스트기는 현재 상용화되어 있지 않다.

고양이는 수컷과의 교미 자극에 의하여 황체형성호르몬의 농도가 혈중에서 충분이 높아져야 배란이 되는데, 이 농도를 혈액을 통해서 측정하는 것은 암컷 고양이에게 매우 스트레스이며, 또한 그 농도가 부정확할 수 있다. 교미가 정확히 이루어졌다면, 그리고 2회 이상의 충분한 교미 자극이 이루어졌다면 배란이 될 수 있다.

03

임신한 냥이, 어떻게 보살펴야 하나요?

고양이가 임신을 하면
사람과 마찬가지로 입덧으로 인해 식욕이 떨어지거나
구역질, 구토하는 증상을 보일 수 있다.
이때에는 기호성이 높은 사료로 교체해 주거나
소량씩 자주 급여하는 것이 좋다.

임신 기간 중 관리

임신 기간 중 약물을 투여한 경우에는 태아에게 영향이 가거나 심하면 유산을 일으킬 수도 있으므로, 백신 접종이나 불필요한 약은 삼가고 필요한 경우 수의사와 상담하는 것이 좋다.

유산은 상대적으로 쉽게 일어날 수 있으므로 항상 주의해야 한다. 음식과 물, 다른 동물과의 접촉, 스트레스, 설사나 감기 증상, 감염, 구토 등을 항상 조심한다.

임신 1개월 후부터는 규칙적으로 운동을 하게 하는 것이 순산에 도움이 되지만, 높은 곳에서 뛰어내리거나 배를 압박하는 등의 격렬한 운동은 삼가고 휴식을 충분히 취할 수 있도록 해야 한다.

임신한 고양이의 영양

고양이가 임신을 하면 본능적으로 식욕이 증가해서 섭식량이 늘거나 영양가가 높은 음식을 찾는 모습을 보인다. 하지만 사람과 마찬가지로 입덧을 하는 경우가 있어 식욕이 떨어지거나 구역질, 구토하는 증상을 보일 수 있다. 이

때에는 기호성이 높은 사료로 교체해 주거나 소량씩 자주 급여하는 것이 좋다. 임신한 고양이에게 필요한 영양 성분은 새끼 고양이와 유사하므로 새끼 고양이용 사료를 주어도 괜찮다.

임신 주수가 지날수록 뱃속의 새끼들이 점차 커지면서 소화 기관이 눌리는데, 이 시기에는 소화가 잘 안 되므로 소량씩 자주 급여한다. 변비가 생긴 경우에는 수분을 충분히 보충해 주고 섬유질을 추가해 주는 것이 좋다. 충분한 수분 보충은 임신기의 증가하는 칼슘 섭취에 따른 결석 질환을 예방하는 데 도움을 준다.

고양이는 육식 동물이므로 단백질 요구량이 높은 반면 탄수화물의 필요성이 낮다. 미국사료관리협회인 AAFCO(Association of American Feed Control Officials)에 따르면, 불완전 육식 동물인 개의 경우에는 성견의 사료 내 단백질 필요량이 최소 18% 이상인 것에 비해, 성묘는 최소 26% 이상의 단백질 조성이 필요하다. 지방 성분 또한 성견 기준의 5%보다 높은 9%가 성묘에서 요구된다. 임신한 고양이와 새끼 고양이의 경우에는 일반적인 성묘와 비교해 단백질 요구량이 26%에서 30% 이상으로 증가하고, 칼슘은 0.6%에서 1% 이상으로 증가한다.

대개 주식으로 급여하는 건조 사료의 경우에는 물 급여에 특히 유의해야 하며, 수분 함량이 높은 습식 사료를 병행하는 것이 좋다. 습식 사료는 고양이들이 더 좋아해 입덧을 하는 고양이에게도 도움이 된다. 하지만 치석이 잘 생기므로 양치 등 치아 건강에 더 신경 써야 한다.

현재 시판하는 치석제거제는 음식 잔여물이 이빨에 붙는 것을 억제하거나 치석을 녹이는 성분들로 구성되어 있다. 이 제품들을 임신 중 사용하였을 때 어떤 위험이 있는지 그 관련 보고는 찾아볼 수 없다. 치석제거제 성분이 해조류 유래 추출물이라고 광고하고 있는 제품도 있는데, 이들 성분이 임신 중 태아에 미치는 영향에 대해서 정확한 분석이 이루어지지 않았기 때문에 가급적 먹이지 않는 것이 좋다. 임신 중에는 호르몬에 영향을 주는 특정 성분을 주기적으로 먹이는 것을 항상 경계해야 한다.

임신 3~4주가 되면 동물병원에 방문하여 초음파 검사를 받는 것이 좋다. 초음파 검사를 통해 임신을 확진하고 새끼의 개체수를 확인한다.

나이든 냥이의 임신과 질병

적정 임신 연령

암컷 고양이는 보통 2~7세에 임신이 이루어진다. 7세 이후에도 임신이 가능은 하지만 임신 확률은 낮아진다. 고양이는 봄-초여름에 임신이 가능하기 때문에 겨울에 어떤 수컷 고양이를 짝짓기 상대로 할지 미리 알아보는 것이 좋으며, 임신 전 병원에 가서 난소 및 자궁에 이상이 있는지 확인하는 것도 추천한다.

암컷의 질환 - 난소 및 자궁 질환

중성화 수술을 하지 않은 암컷은 나이가 들면서 난소 및 생식기 질환이 발생할 가능성이 높다. 고양이의 난소는 계절적으로 봄-초여름에만 활동을 하고 가을과 겨울에는 활동을 하지 않는 상태가 반복되기 때문에, 나이가 들면서 발정이 약해지거나 관찰이 안 될 수 있다. 따라서 중성화를 하지 않은 암컷은 발정이 오는 시기에 잘 관찰하여 발정이 되지 않는다면 병원에 방문하여 검사를 받는 것이 좋다. 초기의 양성 종양이 나중에는 악성 종양으로 바뀔 수 있기 때문에 미리 검사하고 관리를 하는 것이 좋다.

개의 경우와 마찬가지로 암컷 고양이에서 자궁에 농이 차는 자궁 축농증이 발생할 수 있는데, 이 질환은 생명과 직결되는 위험한 것이다. 고양이의 자궁 축농증은 개에 비해 상대적으로 발병 확률이 낮긴 하지만 발병하면 위험한 것은 마찬가지이므로 주기적으로 난소와 자궁의 초음파 및 X-ray 검사를 받는 것이 좋다.

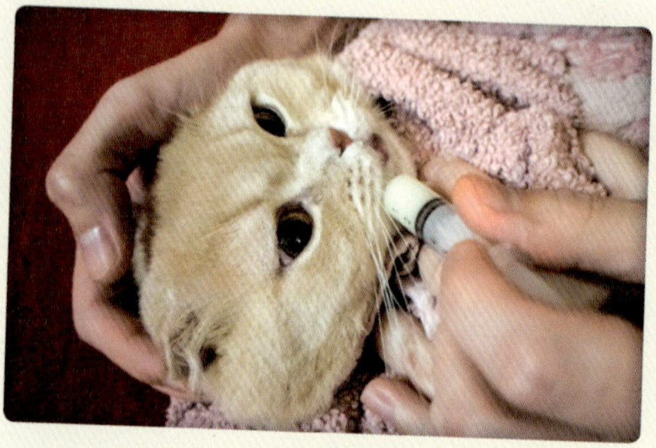

수컷의 질환

수컷 고양이에서는 상대적으로 질병 발병이 적다고 할 수 있지만, 다음과 같은 몇 가지 경우는 확인을 해야 한다.

가장 먼저 고환 두 개가 모두 있는지 확인한다. 고환이

한쪽만 있고 다른 한쪽이 배 안에 있는 형태를 잠복 고환이라고 하는데, 잠복 고환은 유전 질환이므로 번식을 하지 않게 중성화를 해준다.

두 번째로는 고환에 (만성) 염증이 있을 수 있으니, 보호자는 고환의 상태를 관찰하여 열이나 염증이 있는지 확인한다. 필요하면 적절한 항생제를 처방 받아야 한다.

세 번째로 페니스의 노출이 안 되거나, 노출된 페니스가 다시 들어가지 않는 경우가 있다. 감염·외상 등으로 인해 발생할 수 있으며, 유전적으로도 발생할 수 있다. 일시적으로 발생하는 경우는 하루 이틀 지나면 회복되지만, 회복되지 않는 경우에는 병원에 가서 처치를 받는다.

마지막으로 전립선 질환이다. 개의 경우 전립선 비대, 염증, 암 등이 자주 발생하지만, 고양이에서는 전립선 질환이 거의 발생하지 않는 편이다. 하지만 매우 드물게 발생하는 경우가 있으니, 나이든 수컷 고양이가 배뇨를 어려워하는 등의 문제가 보이면 검사를 해보는 것이 좋다.

고양이의 유산

유산을 일으키는 원인은 여러 가지인데, 물리적·호르몬적·질병적 원인들이 이에 해당된다.

물리적인 원인은 대부분 충격에 의한 것이므로 주의를 하면 대개 예방이 된다.

호르몬적인 원인은 임신 중 특정 약물에 노출되거나 질병이 발생하여 임신유지 호르몬이 불균형을 일으켜서 유산이 되는 것이다. 따라서 임신 중의 질병과 약물에 관해서는 수의사와 상담하며 치료를 진행하는 것이 안전하다.

고양이에서 질병을 일으키는 원인 중 가장 중요한 것은 바이러스 감염이라고 할 수 있다. 대표적인 바이러스 감염증으로는 고양이 범백혈구 감소증(panleukopenia virus, 고양이 파보장염), 고양이 헤르페스 바이러스(feline herpesvirus-1), 고양이 백혈병 바이러스(feline leukemia virus), 고양이 전염성 복막염 바이러스(feline infectious peritonitis virus) 등이 있으며, 이들이 유산의 주된 원인이 된다. 이들 바이러스에 대한 예방은 유산뿐만 아니라 고양이 건강을 유지하는 데 매우 중요하므로 어릴 때 백신 접종을 잘 챙겨야 한다.

세균성 감염으로도 유산을 일으킬 수 있는데, 그 원인

균으로는 대장균(*E. coli*), 연쇄구균(*streptococci*), 포도상구균(*staphylococcus*), 살모넬라(*salmonella*) 등이 있고, 미코플라스마(mycoplasma)나 유레아플라스마(ureaplasma)도 유산의 원인이 된다.

고양이에서는 크게 문제가 되진 않지만 톡소플라스마 감염도 주의해야 한다. 톡소플라스마라는 기생충 감염은 야외 활동을 많이 하는 고양이가 감염된 고기를 먹었을 때 나타난다. 감염된 고양이는 열, 식욕부진, 체중감소, 간질환 등 다양한 증상을 나타낸다. 드문 경우이기는 하지만, 임신 중인 고양이가 톡소플라스마에 감염되면 유산이 되기도 한다.

입양해서 키우고 있는 고양이가 임신 이후 유산이 되었다면 그 원인에 대해서 알아볼 필요가 있다. 입양해서 키우고 있는 고양이의 백신 경력을 정확히 알지 못하는 경우 전염성 질병에 감염되었을 확률도 있으므로 검사를 통해 그 원인이 질병에 의한 것이 아닌지 확인해야 한다.

임신 중에는 고양이를 키우면 안 된다?

사람이 톡소플라스마에 감염되는 것은 톡소플라스마 원충이 들어 있는 생고기(덜 익힌 고기) 및 생채소 섭취를 통해서이거나, 야외에 사는 고양이를 통해서이다. 특히 고양이를 통해서는, 고양이가 감염 후 1~3주 이후에 약 2주간 매일 대변으로 원충을 배출하는데 이렇게 배출된 원충을 통해서 사람에게 감염이 이루어진다고 알려져 있다. 따라서 임신을 계획하고 있는 보호자가 집에서 키우는 고양이로부터 톡소플라스마 감염을 예방하려면 다음과 같은 사항을 주의해야 한다.

- 고양이 분변 치우는 것을 직접 하지 않는다. 직접 하게 된다면 일회용 장갑을 착용한 후 처리하고, 이후 비누를 이용하여 손을 깨끗이 씻는다.
- 고양이 분변 상자를 매일 교체하는 것을 권장한다.
- 고양이에게 생고기 또는 덜 익힌 고기를 주지 않는다.
- 야생 고양이와의 접촉을 피한다.

임신을 계획하고 있다면 병원에서 보호자와 고양이의 톡소플라스마 항체 검사를 해보는 것이 좋다. 둘 다 양성이라면 계획대로 임신을 진행하는 데 걱정하지 않아도 되는데, 이미 이전에 감염이 된 경험이 있어 문제가 되지 않기 때문이다. 항체 검사에서 보호자는 음성이고 집에서 키우는 고양이가 양성이라면 고양이를 통한 감염은 크게 걱정하지 않아도 된다. 고양이에서 항체가 생겼다는 것은 이미 감염이 되었고 시간이 흘렀다는 것을 의미하기 때문이다. 한편 감염 초기에는 고양이 분변에서 원충이 분변으로 배출될 수 있어 이것에 노출되면 감염이 될 수 있는데, 이는 앞에서 이야기한 것처럼 분변 처리 및 접촉을 차단함으로써 예방된다.

검사에서 보호자도 음성이고 집에서 키우는 고양이도 음성인 경우가 있다. 임신을 계획하는 보호자는 생고기나 생채소로부터 감염될 수 있으니 주의하고, 또한 집에서 키우는 고양이가 감염되지 않도록 생고기 등을 급여하지 않는다. 야외 외출 시 야생 고양이에 노출되어 감염될 수 있으므로 특히 주의한다.

04

출산이 임박했어요.
무엇을 준비해야 하나요?

출산 예정일보다 너무 일찍 새끼가 나와도 문제고,
늦어져도 위험할 수가 있다.
따라서 출산 전에 어떤 준비가 필요하지,
응급상황이 발생했을 때 어떻게 해야 하는지 미리 알아두는 것이 좋다.

고양이의 임신 주령별 특징

고양이의 임신 기간은 평균 63~68일이며, 주령에 따른 특징은 다음과 같다.

1주 번식이 가능한 암컷과 수컷이 교미를 통해서 임신이 되었다면, 이 시기는 정자와 난자가 수정이 되어 난관을 따라 자궁으로 들어가는 시기이다.

2주 수정된 배아는 자궁으로 이동해서 착상을 하게 되고, 착상이 되면서 태아로 성장을 시작한다.

3-4주 착상된 태아는 성장하여 각 장기로 분화되는데, 이런 초기 장기들에서 다량의 성장 인자들과 호르몬이 분비되어 유선과 유두가 부풀기 시작한다. 일부 임신한 고양이들은 입덧 증상으로 평상시보다 먹는 것에 관심을 덜 보이며, 심한 경우 구토를 하기로 한다. 이 시기부터 동물병원에 방문하여 초음파 검사로 임신을 확진할 수 있다(초음파 검사로 임신을 진단할 수 있는 가장 빠른 시기는 짝짓기 후 18일 이후부터이다). 4주가 되면 배가 불러오므로 육안으로도 임신을 알아챌 수 있다.

5주 이 시기가 되면 임신이 더욱 명확해지고, 경험이 많은 수의사들은 복부 촉진을 통해서 태아를 만질 수 있다.

6주 보통 이 시기부터 태아가 급속도로 커지므로 어미에게 많은 에너지가 필요하며 식욕도 크게 증가한다. 고양이들은 스스로 먹는 양을 조절하므로 신선한 재료와 좋은 음식을 충분히 먹을 수 있도록 해주는 것이 좋다. 고양이 배를 보면 새끼 고양이들이 움직이는 것을 알 수 있다.

7주 배가 점점 커지고 공처럼 둥글게 느껴질 수 있다.

8주 유선이 더욱 부풀어 오르며, 자기 몸을 가꾸는(grooming)데 시간을 소비한다. 배 주변의 털이 빠지기도 하는데, 이것은 자연스러운 현상으로 분만 이후 다시 털은 자라기 시작한다. 태아가 점점 커져서 위를 압박하기 때문에 어미의 먹는 양이 저절로 줄게 되며, 분만을 할 곳을 스스로 찾으려는 행동을 보인다. 빠른 경우 이 시기부터 초유가 나오는 고양이도 있다.

9주 배 안의 새끼들이 커지고 신체의 각 부분이 성숙하게 된다. 외부 생식기관에서 약간의 붉은색 분비물이 관찰된다면 분만이 다가왔음을 알고 준비하면 된다. 특히 이 시기가 되면 불안해하고 주변이 안전한지 확인하는 등 평소와 다른 행동을 보이는데, 이 역시 분만이 임박했다는 뜻이다.

10주 보통 고양이들은 9주(평균 63일) 정도면 분만을 한다. 하지만 가끔 일주일 정도 분만이 늦어질 수 있으니, 외형적으로 특별한 증상이 없다면 기다려보는 것이 좋다. 샴(Siamese) 고양이는 다른 품종보다 4~10일 정도 분만이 늦어지는 것으로 알려져 있다. 하지만 일주일이 더 지났는데도 분만을 하지 않으면 동물병원에 방문하여 태아 및 어미의 상태를 검사하는 것이 좋다.

고양이들은 대부분 혼자서 분만을 하지만, 첫 임신으로 어미가 능숙하지 않은 경우나 임신 후기에 운동 부족 및 영양 불균형 등으로 출산에 어려움이 있는 경우에는 보호자의 도움이 필요할 수 있다.

출산 직전 검사

출산 직전에는 검진을 받는 것을 특히 권한다. 초음파 검사를 통해 태아의 생존과 몇 마리가 임신이 되었는지 확인하는 것이 가장 중요하다. 임신 50일이 지나서 초음파 검사로 태아의 심박수가 정상인지 확인하고, X-ray 검사를 통해 임신 마리수를 파악하면, 이후 분만 과정에서 발생할 수 있는 다양한 상황에서 도움이 된다.

특히 여러 마리를 임신한 경우에는 배 안에 있는 모든 새끼들이 출산이 되었는지 확인하는 것이 필요하다. 만약 여섯 마리를 임신하였는데 다섯 마리만 출산했다면 한 마리는 배 안에서 문제가 생겼을 가능성이 높고, 이로 인해 나중에 심각한 응급 상황이 발생할 수 있다.

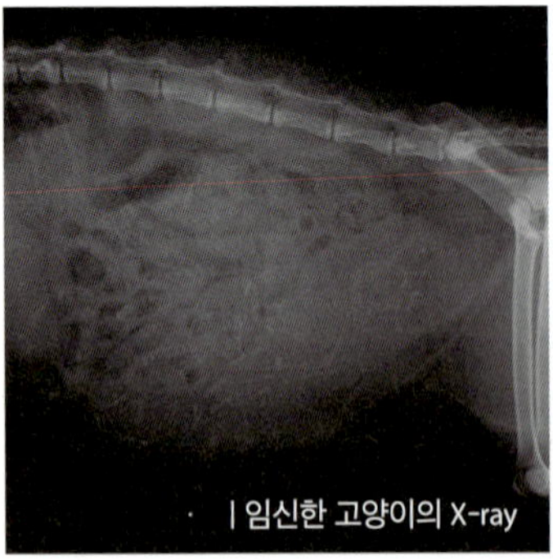

| 임신한 고양이의 X-ray

출산 전에 준비해야 할 것들

임신한 고양이가 건강하고 난산이 아니라면 익숙한 환경인 집에서 출산하는 것이 좋다. 당연한 말이지만, 출입이 많지 않고 사람이 잘 다니지 않는 어둡고 안락한 공간을 마련해서 그곳에서 출산을 할 수 있도록 돕는다.

산실 준비 출산 예정일 2주 전에 고양이가 체온을 유지할 수 있게 도와줄 출산 상자를 만들어 패드나 신문지 등을 깔아 주는 것이 좋다. 상자는 수유기에도 계속 사용해야 하니 넉넉한 크기로 마련해 준다.

가위 보통은 새끼를 낳은 어미 고양이가 탯줄을 입으로 끊어서 제거하지만, 간혹 탯줄이 길게 매달려 있는 경우 새끼 배에서 1~3cm 지점을 실로 묶은 후에 가위로 잘라 준다. 가위는 반드시 끓는 물에 소독하여 사용한다.

소독약 주인이 분만을 도와줄 경우, 손은 소독제로 소독을 하며, 탯줄을 자른 후에 소독약을 발라서 감염의 가능성을 최소화한다.

출산 상자 만들기

▶ 적당한 크기의 상자를 구한다. 상자 크기는 어미 고양이가 옆으로 누워 있을 만한 크기인 70×60×60cm 정도면 된다.

▶ 상자의 4면을 모두 막고 입구를 만들어 준다. 중간에서 조금 아래쪽에 고양이가 출입하기 쉬울 정도의 턱을 두고 15×15cm 정도의 구멍을 낸다.

▶ 바닥에 비닐을 깐 후 신문지를 여러 장 포개놓고, 그 위에 신문지를 잘게 찢어 두껍게 깔아 준다. 넓은 패드를 깔아 주어도 좋다.

▶ 화장실과 물, 그리고 식사 그릇을 근처로 옮겨 준다.

수건/드라이어 체온 유지를 위하여 출산한 새끼의 몸을 수건으로 닦고 드라이어로 꼼꼼하게 말려 준다.

체중계 태어난 새끼들의 생시 체중을 기록하고, 이후 매일 또는 2~3일 간격으로 체중을 측정하여 정상적으로 자라고 있는지 확인한다.

체온계 분만 후에 어미와 새끼의 건강상태를 확인하는 데 필요하다.

대용유, 젖병/주사기 분만 후에 젖이 안 나올 경우를 대비해서 미리 준비해 둔다.

중복임신(superfecundation)

중복임신(복임신)이란 어미가 두 마리 이상의 수컷과 교미를 하여 새끼들의 생물학적 아빠가 한 마리가 아니라 두 마리 이상 되는 경우이다. 고양이는 교미 자극에 의해서 배란이 일어나고 충분한 자극이 이루어지 않은 상황에서 다른 수컷과의 교미가 이루어지면 먼저 교미가 이루어진 수컷의 정자도 살아 있어 두 마리의 다른 수컷이 아빠가 될 수 있다.

새끼 낳기 전의 행동 변화(출산 징후)

새끼를 낳기 직전에는 주의가 산만해지고 부풀어 오른 복부를 계속 불편해 한다. 진통이 시작되면 방바닥을 긁거나 새끼를 낳을 장소를 찾기도 한다. 외부 생식기관에서 연한 갈색의 분비물이 관찰되기도 한다.

분만 과정

대부분의 고양이는 스스로 분만을 한다. 하지만 첫 임신이거나 임신 후기의 운동 부족 및 대사성 장애가 있을 경우 분만에 어려움을 겪을 수 있으므로 보호자는 주의 깊게 관찰해야 한다. 임신한 고양이를 들어 올리거나 외부 생식기관을 만져보거나 하는 등의 과도한 행위는 좋지 않다.

분만은 보통 총 3기로 진행되는데, 각 단계의 특징은 다음과 같다.

분만 제1기

자궁의 간헐적인 수축이 시작되고 자궁목과 외부 생식기관이 이완되는 단계이다. 자궁 수축은 이완기에 중간중간 멈추게 되는데, 그렇지 않으면 태아의 혈액 공급에 문제가 생길 수 있다. 골반 근육과 회음부가 이완되어 길어지게 된다. 복부를 관찰하면 태아의 움직임을 느낄 수 있지만,

자궁 수축은 외부에서 관찰되지 않는다.

바닥을 긁거나, 안식처를 만들거나, 숨을 헐떡거리는 등의 모습을 관찰할 수 있다. 이 시기에 새끼 고양이가 태어났는지 자주 보는 것은 매우 좋지 않은데, 특히 독립적인 성격을 가진 고양이의 경우는 더욱 주의를 요한다.

외부 생식기관에서 분비물을 거의 찾아볼 수 없지만, 있는 경우에도 보통은 바로 핥아서 제거한다.

처음 새끼를 낳는 경우 제1기는 지연되기도 하며, 약 36시간까지 지속되는 경우도 있다.

분만 제2기

제1기 이완기 이후에 자궁 수축이 더욱 강해지고 빈번해져 태반에 둘러싸인 태아를 골반으로 밀어낸다. 첫 번째 태아가 골반을 통과하고 태반의 외부 막이 외부 생식기관을 지날 때 물풍선 같은 형태가 되는데, 이 막이 터져서 외부로 흘러나온다. 한편 태반의 안쪽 막이 골반을 통과할 때 이 막에 있는 용액이 태아가 잘 통과할 수 있도록 하는 윤활제 역할을 한다.

태아는 배 안에서 스스로 회전을 하여 머리를 바깥쪽으로 하게 된다. 이렇게 머리를 골반 쪽으로 돌리면서 태반

안의 압력이 골반에 전달되고, 이 전달된 압력은 복벽의 근육을 자극한다. 이와 같이 골반, 자궁, 복벽이 수축함으로써 태아가 순산이 되도록 몸이 움직인다.

일반적으로 새끼들이 태어나는 간격은 약 30분에서 1시간이다.

분만 제3기

새끼가 태어나고 태반이 배출되는 시기이다. 검붉은색의 태반이 관찰되며, 분만 후에는 자궁이 회복되어 정상으로 되돌아간다. 일반적으로 태반은 하나씩 배출되지만, 양쪽 자궁각에서 내려오는 속도에 따라서 가끔 두 개가 동시에 배출될 수도 있다.

새끼가 태어나면 어미 고양이는 태막을 찢고 입과 코 주변을 깨끗이 핥아 주며, 탯줄을 입으로 끊어 준다. 분만 제2기와 제3기가 반복되어 새끼가 태어나고 태반이 배출되는데, 간격은 30분에서 1시간이다.

총 분만 시간은 다양하

지만 일반적으로 장모종 고양이보다 단모종 고양이가 분만 시간이 짧다고 할 수 있다. 보통 고양이들은 한 번에 평균적으로 네 마리 정도 분만하지만, 한 마리에서 열두 마리까지 태어날 수 있다. 오리엔탈(Origental), 샴(Siamese), 버마(Burmese) 품종에서 일반적으로 많은 새끼가 태어난다.

이상분만과 제왕절개

이상분만

분만 제1기가 시작되는 것이 관찰되고 하루 이상 지속이 되거나, 첫 번째 새끼가 태어나고 두 번째 새끼가 태어나지 않아 새끼가 다 태어났다고 생각되는데 어미 고양이가 힘들어하는 경우에는 이상분만을 생각해야 한다. 응급 상황인 경우 제왕절개 수술을 할 수 있고 처치가 필요한 상황이 발생할 수 있으므로 24시간 진료하는 병원을 미리 알아두는 것이 좋다.

제왕절개

난산의 경우 제왕절개 수술을 고려할 수 있다. 난산은 태아나 모체 측의 이상으로 인해서 분만이 진행되지 않는 상황을 의미하며, 발생하는 원인은 너무 다양하기 때문에 꼭 집어 말하기는 어렵다. 일반적으로 태아가 너무 커서 골반을 통과하지 못하는 상황이 발생하거나, 기형을 가진 새끼가 있거나, 너무 많은 새끼를 임신하여 어미 고양이가 자궁근무력 상태에 빠지는 경우가 이에 해당된다.

이러한 상황이 발생하면 바로 수술을 할 수 있는 병원을 미리 알아두는 것이 좋다. 수술이 지연될수록 배 안에서 새끼 고양이들이 죽을 수 있으며, 이들이 죽으면 어미 고양이도 매우 위험한 상황에 빠질 수 있다. 제왕절개가 필요한 상황이 발생할 확률은 매우 낮지만 응급 상황이므로 신속한 판단이 필요하다.

05

냥이의 산후조리,
어떻게 해야 하나요?

고양이가 새끼를 낳으면, 특히 처음 고양이를 키우는데 새끼를 낳은 경우라면 보호자 입장에서 당황할 수 있다. 새끼를 낳은 어미 고양이를 잘 관리하여 건강하게 유지해야 새끼도 건강하게 기를 수 있다.

분만 후 관리

분만 후 일주일 정도 되면 어미 고양이를 데리고 병원에 방문하여 건강상태를 체크하는 것이 좋다. 새끼를 낳은 어미 고양이에게 발생할 수 있는 산후 질병은 대표적으로 세 가지가 있다.

유방염

새끼를 낳은 후 유선에 염증이 생겨서 모유 생성이 많아지고 유선 내에 저류하게 된다. 시간이 지나면서 유선이 붓고 뜨거워지면서 고통이 수반되어 새끼에게 포유하는 것을 거부하게 된다. 유방염의 발생이 드물긴 하지만 발생하면 응급 상황이 되므로 만일에 대비해서 병원을 알아보고 미리 인공포유를 준비해 두는 것이 좋다.

저칼슘혈증

분만한 암컷 동물에서 많이 발생되는 증상으로 '유열(milk fever)'이라고도 하며, 혈중의 칼슘 농도가 급격히 떨어져 경련 및 강직 현상이 발생한다. 고양이에서는 거의 발생하지 않지만, 유방염과 마찬가지로 병원을 미리 알아보고 인공포유에 대한 대비를 한다.

자궁내막염

분만을 한 후 자궁에 염증이 발생하는 경우이다. 일반적으로 분만을 한 후에 자궁은 출혈과 함께 염증 반응을 동반해

새끼고양이 쇠약 증후군(fading kitten syndrome)

이 증후군은 사람에서도 있는 영아 돌연사 증후군(sudden infant death syndrome)에 해당되며, 이유 없이 8~10주령부터 쇠약해져 심한 경우 사망할 수 있다. 쇠약 증후군이 발생하는 몇 가지 이유로는 임신 기간 중 모체의 영양이 매우 안 좋았을 경우, 감염성 질병, 흡혈 기생충, 벼룩에 물렸을 경우 등이 있을 수 있다.

미약한 염증이 생긴다. 하지만 모체의 면역력이 저하된 상황에서 염증이 해결되지 않고 지속된다면 자궁내막에 심각한 염증이 발생하는 응급 상황으로 발전할 수 있다.

인공포유

태어난 새끼가 고아가 된 경우나 수유를 제공받지 못하는 경우 인공포유를 해야 한다. 여러 가지 원인으로 인해 어미가 다양한 질병 상황에 처하거나 수유를 하지 못하는 상황이 될 수 있기 때문에 미리 준비를 해두는 것이 좋다.

인공포유로는 대용유가 좋다. 대용유는 온라인이나 동물병원 등 다양한 경로를 통해서 구입할 수 있다. 새끼 고양이를 위한 젖병에 대용유를 담아 포유해 준다.

일반적으로 첫째 주에는 하루에 1~1.5ml 정도를 2~3시간 간격으로 준다. 둘째 주에는 하루에 5~7ml 정도를 2~3시간 간격으로 주며, 이후에는 시간 간격을 3~4시간으로, 먹는 양도 매주 1ml씩 늘려 준다.

사람이 먹는 우유는 고양이에게 주어서는 안 된다. 우유가 고양이에게 소화장애를 유발할 수 있기 때문이다.

무유증과 울유증

Doctor's Memo

무유증

분만 후 젖이 나오지 않는 증상을 '무유증'이라고 하는데, 이 증상은 제왕절개 수술을 했거나 초산인 경우 나타날 수 있다.

무유증은 아드레날린의 과잉 분비로 인해 옥시토신 호르몬의 방출이 억제되면서 일어난다. 불안과 통증을 동반하기 때문에 보호자는 어미 고양이를 안정시키고 정상적으로 새끼가 젖을 빨게 하여 자극을 줌으로써 젖이 분비되도록 유도해야 한다. 그래도 젖이 분비되지 않으면 치료가 필요하다.

무유증을 일으키는 원인으로는 제왕절개와 초산의 경우 외에도 영양장애, 유방염, 자궁염, 전신성 감염, 내분비 이상 등이 있다.

울유증

분만 후 젖 주변에 멍울이 잡히고 부어오르는 증상을 말한다. 만지면 딱딱하고 열감이 있으며, 역시 불안과 통증을 동반한다. 젖이 나오지 않는 경우도 있지만, 젖이 많이 나오거나 새끼들이 빨지 못한 젖꼭지가 있는 경우에도 울유증이 발생한다.

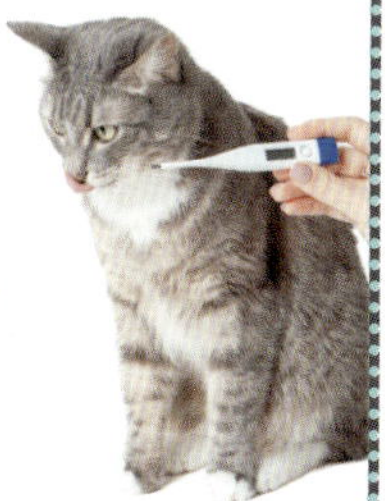

빨지 못한 젖꼭지를 새끼가 빨도록 유도하거나, 유방이 부어오르는 것을 방지하기 위해 따뜻한 물수건으로 부드럽게 마사지하면 도움이 된다. 그러나 심한 경우 치료가 필요하다.

06

갓 태어난 새끼들은 어떻게 관리하나요?

새끼가 태어난 후에 가장 중요하게 확인해야 할 일은 선천적 기형이 있는지 살펴보는 것이다. 다리 및 발가락 개수, 구개열/구순열, 항문이 있는지, 생식 기관이 올바르게 있는지 확인한다.

태어난 지 1주

갓 태어난 새끼는 처음 며칠 동안은 허리를 안으로 구부리며 잠을 자는데, 이러한 수면 자세는 다리의 발달이 먼저 이루어지기 때문이다. 처음 일주일은 하루의 80%를 잠을 자며 시간을 보내고, 매일 2~4시간 간격으로 모유를 먹는다.

태생 시에는 뇌의 발달이 거의 되어 있지 않아서 신경 근육적 반응은 없고 오로지 근육 운동만 존재하여 기어다니거나 젖을 빨거나 소리를 내는 정도만 보여 준다. 배변·배뇨는 어미 고양이가 생식 기관을 핥아주는 자극에 의해서 이루어진다.

또한 갓 태어난 새끼 고양이들은 처음 며칠 동안은 자기 몸의 온도조절 능력이 없다. 태생 시 체온은 34.7~37.2도 정도로 어른 고양이에 비해 약간 낮은데, 일주일이 되면 체온이 36.1~37.8도로 어른 고양이와 비슷해진다. 배꼽에 붙어 있는 제대의 남은 부분은 3~4일이 지나면 말라서 떨어지는 것이 일반적이다.

새끼 고양이들은 강아지와 달리 태어날 때 대부분 고환이 하강해 있으며, 처음 몇 달까지는 음낭에서 나와서 복강 안으로 들어갔다가 다시 나왔다가 할 수 있다.

| 태어난 지 1주일

| 태어난 지 2주일

태어난 지 2주

새끼들이 기어다니기 시작하고, 체온은 이제 정상 체온과 비슷해진다. 태어난 지 10일쯤 되면 몸무게가 생시 체중의 약 2배가 되고, 10~12일이 되면 눈을 뜨기 시작한다. 아비시안(Abyssinians)과 같은 품종은 태어나면서 눈을 뜨기도 한다.

태어난 지 3~4주

3~4주가 되면 새끼들은 소리에 반응하여 소리 나는 방향으로 움직이고 거리에 대한 인지능력이 생긴다. 외이도는 14~16일이 되면 열린다. 홍채는 여전히 탁한(blue-gray) 색이고 각막은 흐린(cloudy) 색을 나타내는데, 이때에는 사시를 보인다.

4주쯤에는 홀로 서서 걸어다니고 주변에 호기심을 가지고 탐색한다. 4주쯤 되면 젖 빠는 행동들이 점차 줄기 시작하여 이후 곧 사라지게 되고, 체온을 유지하는 능력도 이제 어른 고양이와 비슷하게 된다.

체온 관리

새끼 고양이들은 태어났을 때 피하 지방이 거의 없어 스스로 체온 조절이 안 된다. 이들은 몸에 있는 갈색지방에 의존해 체온이 유지되기 때문에 외부 온도에 민감하여 온도가 낮으면 쉽게 체온이 내려간다. 새끼들이 어미 고양이나 유선 근처에 있으면 거기에서 나오는 체온에 의해 온도가 낮아지지 않고 유지될 수 있다. 또한 새끼 고양이들이 음식을 먹기 시작하면 이때 발생하는 대사로서 열이 발생하여 체온을 유지할 수 있다. 따라서 새끼 고양이들이 있는 공간은 되도록이면 따뜻한 온도를 유지해 주는 것이 좋다.

수분 관리

새끼 고양이는 체중의 80% 정도가 수분으로 구성되어 있고 물의 소비 회전율이 어른 고양이의 2배이기 때문에 어른 고양이에 비해서 탈수에 매우 민감하다. 사람의 경우도 건조한 집에 있으면 아이의 피부가 더 쉽게 건조해지는데, 그 이유는 아이의 피부는 어른의 피부에 비해 수분 투과도가 높기 때문이다. 따라서 건조한 공간에 있으면 새끼 고양이들도 쉽게 피부가 건조하게 되고 몸 안의 수분을 빼앗길 수 있으므로 습도를 유지해 주는 것이 필요하다.

또한 태어난 지 2주까지는 신장이 미성숙하여 외부 약물에 민감하므로, 질병이나 치료에 필요한 약물을 선택할 때에는 신장 독성에 대해서 반드시 수의사와 상담해야 한다.

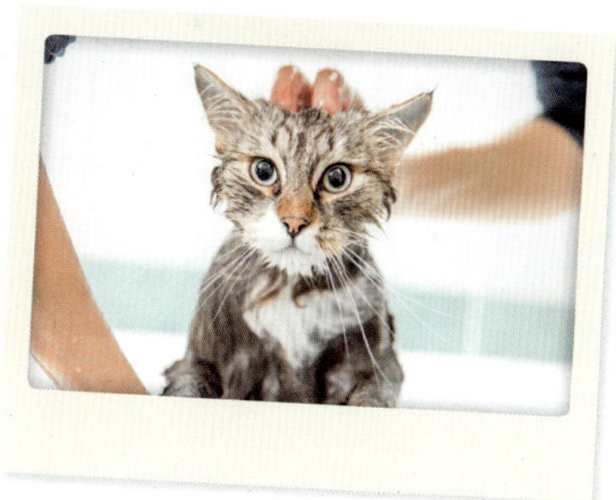

초유

초유는 사람의 경우와 마찬가지로 매우 중요하다. 어미 고양이의 항체가 태반을 통해서 새끼 고양이에게 거의 전달되지 않기 때문에 막 태어난 새끼 고양이는 외부 병원체에 대해서 무방비 상태이다. 따라서 면역체가 풍부하게 들어있는 초유를 새끼 고양이에게 신속하게 그리고 충분히 공급될 수 있도록 해주는 것이 새끼 고양이의 건강을 위해서 매우 중요하다.

초유는 일반적으로 우유보다 맑고 투명한 색을 띠고 있다. 면역 항체가 포함되어 있는 초기 항체는 장을 통해서

흡수되는데, 태어난 직후에는 흡수 속도가 높고 24시간이 지나면 그 속도가 떨어진다. 따라서 신속하게 초유를 먹이는 것이 매우 중요하다.

초유를 잘 먹고 건강에 이상이 없는 새끼 고양이들은 하루 5~10%씩 체중이 증가한다.

대용유

제왕절개를 하거나 분만 후 통증 및 이상 증상 등으로 모유가 잘 나오지 않을 때, 초기에는 나오다가 유선 염증으로 인해 모유의 공급이 좋지 않을 때 필요하다. 이러한 경우 시중에 나와 있는 새끼 고양이용 대용유를 먹인다. 새끼 고양이는 몇 시간만 우유를 먹지 못해도 탈수 증상을 보일 수 있으므로 신속하게 대용유를 공급해야 한다.

대용유를 판매하는 병원이나 사료 가게가 많지 않으므로 미리 구입처를 알아두거나, 만일의 경우에 대비해서 소량을 구입해 놓는 것도 하나의 방법이다. 판매하고 있는 사람용 우유나 분유는 유당 함량이 높아서 설사를 유발할 수 있으니 먹이지 않는다.

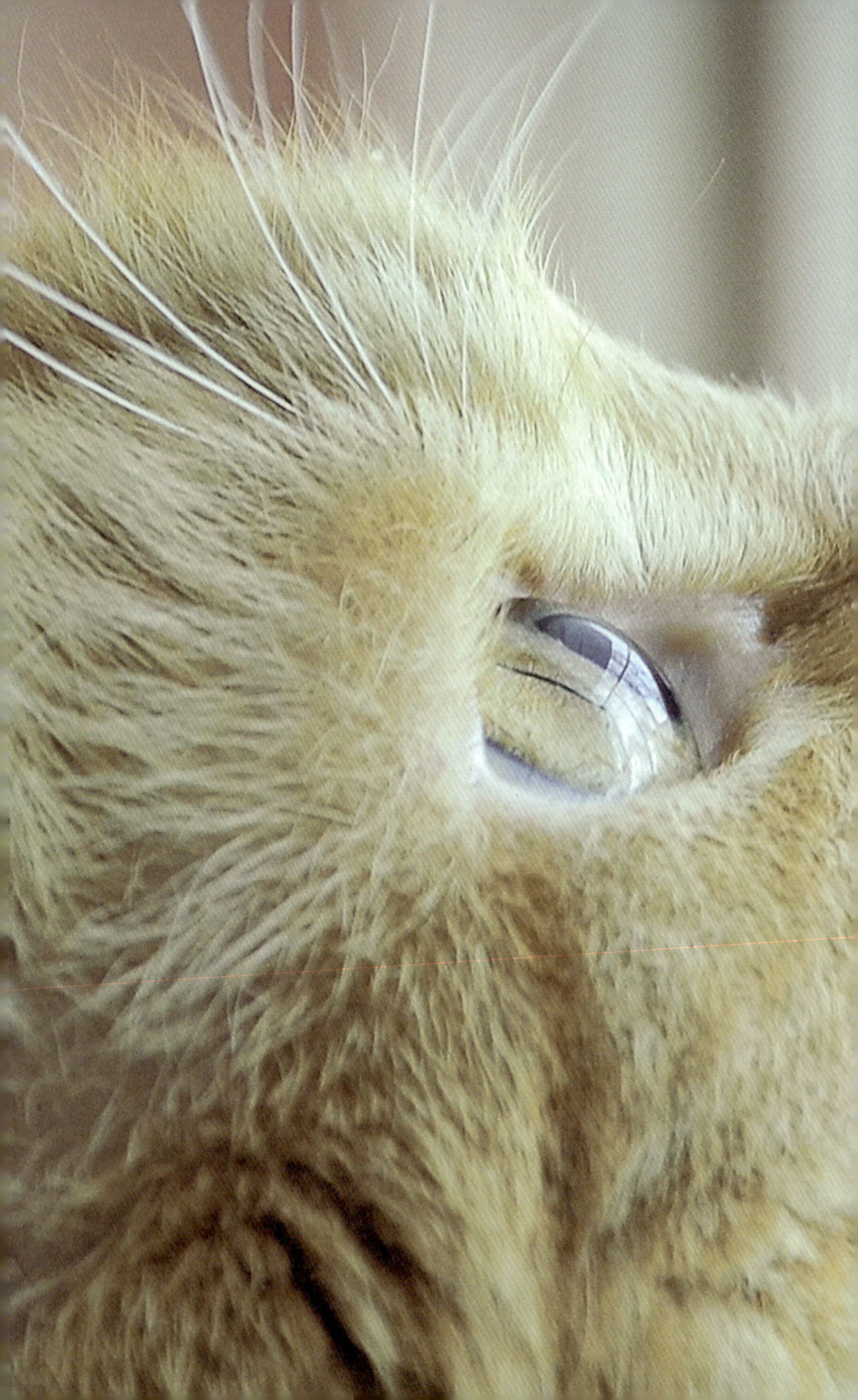

대용유는 2~4시간 간격으로 체중의 20~30% 되는 양을 나누어서 반복적으로 먹인다. 먹일 때 머리를 너무 뒤로 젖히면 폐로 들어갈 수 있으니 주의한다.

대용유를 먹인 후 어미 고양이가 새끼 고양이의 항문 및 생식기관을 핥아서 배변 및 배뇨를 도와주면 괜찮지만, 이런 행동을 하지 않는다면 부드러운 티슈를 이용하여 항문 및 생식기관을 부드럽게 마사지하여 배뇨와 배변을 도와준다.

이유식 하기

생후 4주가 지나면 새끼들은 신경과 소화기관이 발달하고 주변에 대한 호기심이 증가하여 어미 고양이의 음식을 먹으려고 한다. 또한 어미 고양이가 밥을 먹을 때 같이 먹으려고 나선다. 이때부터 새끼 고양이에게 사료를 주기 시작한다.

처음에는 사료를 잘 씹지 못하거나 크기가 입에 안 맞는 경우가 있으니, 작은 가루로 만들어서 주거나 물에 불려 주는 것이 좋다. 점차 사료에 익숙해지면 사료 그대로 물과 함께 아침저녁으로 제공한다.

목욕시키기

새끼 고양이는 면역이 약하고 어미 고양이도 새끼들이 자신과 떨어져 있는 것을 불안해하기 때문에 한 달 정도까지는 목욕을 시키지 않아도 된다. 너무 냄새가 나면 따뜻한 물수건으로 닦아 주고, 체온이 떨어질 수 있으니 신속하게 털을 말려 준다. 스스로 체온 관리를 할 수 있는 4주 이후에 목욕을 시켜 주며, 너무 자주 씻겨 줄 필요가 없으니 냄새가 나면 씻겨 주는 것이 좋다.

새 가정 찾아주기

새끼 고양이들을 어미 고양이와 같이 계속해서 키우면 좋겠지만, 집 안에서 여러 마리의 고양이를 키우는 것은 현실적으로 쉽지 않다. 따라서 전문적으로 번식을 하는 경우가 아니라면 임신을 했을 때 분양 계획도 세워두는 것이 좋다. 주변에 고양이를 키울 수 있는 사람에 대해서 미리 알아보거나 인터넷 동호회 등을 활용할 수도 있다. 잘못 분양하면 유기되는 경우가 있으니 분양은 신중하게 한다.

07

중성화 수술을 해야 하나요?

고양이를 키우는 사람들이 가장 많이 하는 질문 중의 하나는 "중성화 수술을 해야 하나요?"이다. 대부분의 수의사들은 중성화를 권고하고 있다.

중성화 수술은 주인의 선택사항이지만, 질병 예방 측면과 행동 교정 측면에서 수술을 해주는 것이 권고된다. 충분히 고민하고 상담을 받은 후에 결정을 한다. 수술을 결정하였다면 나이, 몸무게, 건강상태에 따라서 수술이 달라질 수 있으므로 동물병원에서 검진을 받은 후에 수술을 하는 것이 좋다.

중성화 수술의 장점

중성화 수술의 가장 큰 장점은 질병을 예방할 수 있다는 것이다. 나이가 들면서 암컷에서 발생하기 쉬운 자궁 질병

(자궁축농증), 난소 질병(난소 종양 및 낭종), 호르몬 증상(상상임신, 질탈, 지속 발정)과 수컷에서 발생할 수 있는 고환 종양, 전립선 비대증과 같은 질병을 예방할 수 있다.

또한 암컷이 발정기에 수컷을 찾기 위해 종종 집을 탈출하는 행동도 예방할 수 있으며, 암컷과 수컷을 함께 키우는 경우에 원치 않은 임신으로 개체수가 늘어나서 관리하기 어렵게 되는 상황을 방지할 수 있다.

이 외에도 심하진 않지만 암컷의 발정기에 외부 생식기관에서 나오는 분비물로 인해서 집 안이 더러워지는 피해를 최소화할 수 있다는 장점도 있다.

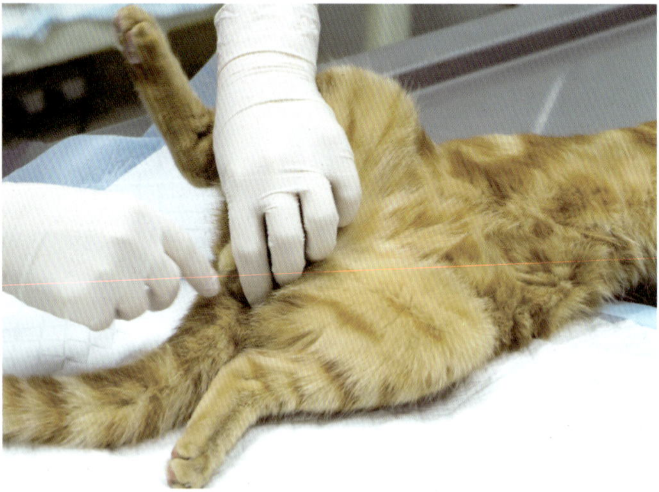

중성화 수술의 단점

중성화 수술의 단점은 수술 후에 발생할 수 있는 복합증이라고 할 수 있다. 보호자는 수술에 대한 위험성을 알고 있어야 한다. 건강한 상태에서 수술을 해도 마취제 및 기타 수술에 들어가는 약물에 대한 과민반응 등이 올 수 있기 때문이다. 간단한 시술을 하러 병원에 갔다가 마취제 부작용으로 고생하는 사람들이 있는 것과 같은 경우이다.

수술 후 발생할 수 있는 부작용으로 비만, 요실금, 골다공증, 행동이상 등이 보고된 바 있다. 가장 많이 보이는 부작용은 비만이며, 이에 대해서는 사료와 운동을 통해 조절해야 한다. 드물게 다른 이상 증상이 보이는 경우도 있을 수 있다.

수컷의 중성화 수술

양쪽 고환이 잘 내려온 생후 5~6개월령에 수술을 하는 것이 일반적이다. 보호자는 양쪽 고환이 모두 있는지 미리 확인한다. 간혹 한쪽 고환이 배 안에서 내려오지 않는 경우가 있는데, 고환이 배 안에서 종양이 될 가능성이 높기 때문에 반드시 수술로 제거해야 한다.

수술 방법

❶ 수술에 앞서 기본적인 건강상태를 확인하기 위해 혈액검사 및 X-ray 검사를 하여 이상이 없는지 확인하다

❷ 전신마취를 하고 고환 주변의 털을 깨끗하게 제거한다. 털에는 많은 병원균이 있으므로 깨끗이 제거한다.

❸ 수술 부위를 절개하고 고환집막을 확인한다.

❹ 고환집막을 절개하고 고환실질을 부드럽게 밀어올려서 정삭을 확인한 후, 그 부분을 결찰하여 제거한다.

❺ 정삭을 제거하고 출혈이 있는지 확인하고 고환 주변 조직으로부터 분리하여 제거한다.

❻ 다른 한쪽도 같은 방법으로 한다.

❼ 다시 한번 출혈을 확인하고 피부를 봉합한다.

❽ 의식을 회복한 후 3~4시간 동안 경과를 지켜보면서 문제가 없으면 퇴원한다.

암컷의 중성화 수술

암컷의 중성화도 수컷처럼 성 성숙이 되는 5~6개월령에 하는 것이 일반적이다. 대부분 첫 발정이 시작되기 전에 하는 것이 좋다. 보통 2월부터 6월까지 발정이 반복되며,

수술 방법

❶ 수술 전날은 금식한다. 수술 당일 보통 혈액검사 및 x-ray 검사를 통해서 건강에 이상이 있는지 확인한다.

❷ 전신마취를 하고 배 주변의 털을 깨끗이 제거한다.

❸ 배꼽 중심으로 수술 부위를 소독하고, 배꼽에서 5cm 정도를 절개한 후, 복강 안쪽에 위치한 자궁각을 확인하여 견인한다.

❹ 난소 및 자궁 전체를 파악한 후 난소에 공급되는 혈관을 결찰하고, 난소 부분과 자궁을 지지하고 있는 인대를 혈관의 분포를 확인하며 조심스럽게 제거한다.

❺ 자궁목에서 자궁으로 공급되는 혈관을 묶고 절제한다.

❻ 난소 및 자궁을 절제한 후 복강 전체적으로 출혈이 있는지 확인하고 피부를 봉합한다.

❼ 수술이 끝나고 1~2시간이 지나면 의식이 돌아온다. 수술 후 회복되는 속도는 다르지만, 보통은 6시간 정도 걸린다고 생각하면 된다. 정상으로 잘 회복하면 퇴원하지만, 필요할 경우 하루 정도 입원하여 건강상태를 살펴보는 것이 좋다.

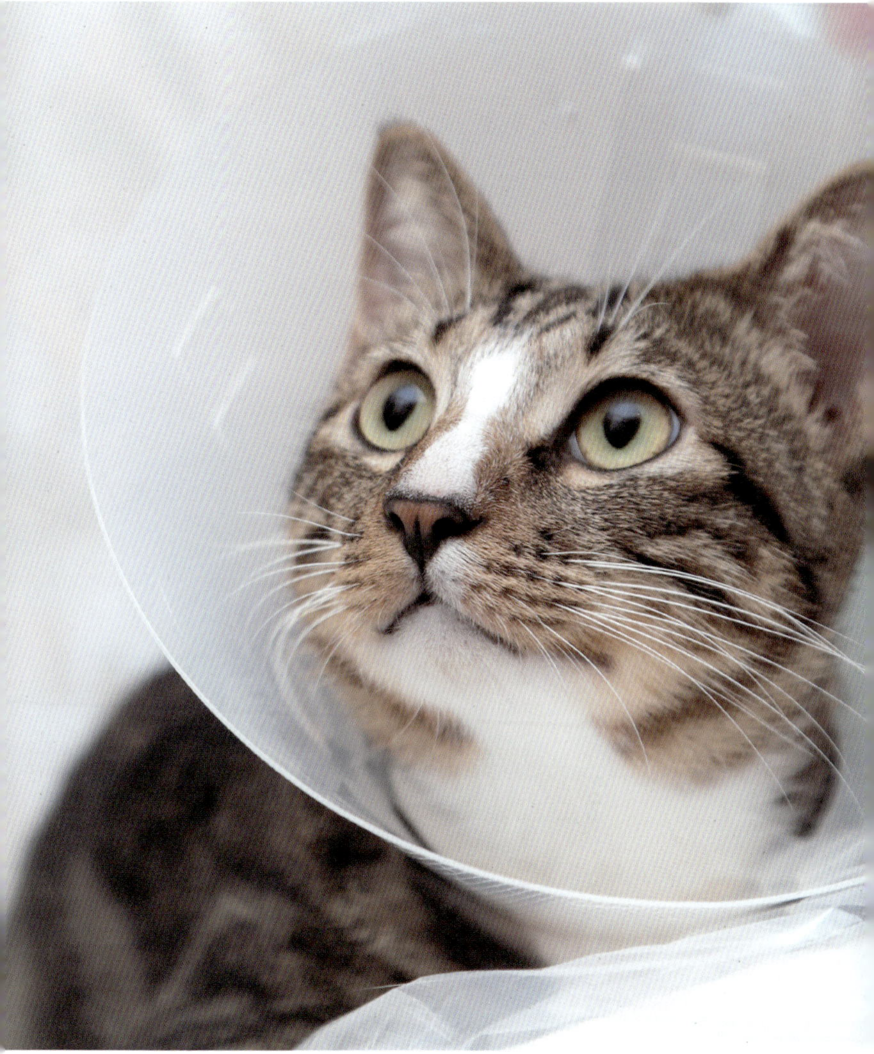

이 시기에 임신을 하면 새끼들은 4월부터 8월 사이에 많이 태어난다. 이렇게 태어난 새끼들이 다음 해 2월부터 발정이 오기 때문에 그 전에 하는 것이 추천된다.

나이가 들어서 수술을 할 경우에는 발정기보다는 발정기가 끝난 후에 하는 것이 좋다. 수컷의 수술은 비교적 간단한 것에 비해, 암컷의 수술은 더 복잡하다.

중성화 수술 후 관리

중성화 수술이 간단하다고는 하지만, 고양이나 고양이를 처음 키우는 보호자에게 수술은 불안한 경험일 수밖에 없다. 수술 후에는 보호자가 옆에서 안정감을 주면서 잘 관찰하는 것이 필요하다.

관찰해야 할 부분은 수술 부위에 출혈이 있는지, 염증이 생겨서 고름이 나오는지 등이고, 구토 및 설사를 하는지, 배뇨 및 배변이 정상인지도 확인한다.

수술 후 상처 부위를 핥지 않도록 목 보호대(넥카라)를 착용해 준다. 너무 갑갑해 하면 잠시 풀어 주었다가 다시 착용해 주는 것도 방법이다.

임신을 원하지 않는 경우: 피임

Doctor's Memo

피임은 임신을 원하지 않는 경우를 비롯해 번식 목적이 아닌 고양이와의 돌발성 임신을 막을 수 있다. 고양이에게 적용할 수 있는 피임에는 몇 가지 방법이 있다.

첫째로, 계절적 발정으로 인해 임신이 되기 때문에 임신할 수 있는 기간에 격리를 하는 방법이다. 즉 보호자가 수컷과의 접촉을 차단하는 것인데, 이 방법은 고양이에게 스트레스를 줄 수 있다.

두 번째는, 황체호르몬 약을 투여하는 방법이다. 호르몬 약 투여를 통해서 배란을 억제하여 임신이 될 수 있는 가능성을 낮추는 것인데, 부작용이 있으므로 반복적으로 하는 것은 좋지 않다. 부작용으로 당뇨, 간질환, 자궁질환, 유선질환 등이 보고되어 있다.

세 번째는, 발정기에 면봉과 같은 부드러운 스틱을 이용하여 외부생식기관에 주입을 하여 마치 교미가 이루어지는 것처럼 암컷에 신호를 주어 배란이 되게 하는 것이다. 이렇게 하면 임신은 이루어지지 않고 배란이 되며 또 발정이 오지 않고 30~40일간 황체기로 들어가 임신을 예방할 수 있다.

하지만 이와 같은 피임 방법을 반복적으로 사용할 수는 없다. 장기적으로 번식하지 않고 원치 않는 임신을 예방하는 방법은 적절한 시기에 불임 수술을 해주는 것이다.

08

Q&A
고양이의
임신과 출산에 대한
궁금증 15가지

Q 삼색 고양이는 모두 암컷이다?

A 고양이 중에 털이 흰색, 검은색, 진한 노란색(갈색)으로 이루어진 삼색 고양이를 흔히 볼 수 있다. 이들 삼색 고양이는 대부분 암컷이다. 고양이 털의 색을 결정하는 유전자가 암컷 성 염색체에 위치하며 이들에 의해서 털색이 결정되기 때문이다. 세 개의 색이 결정되는 것은 두 개의 X 염색체 각각에 다른 색의 유전자가 있고 바탕에 흰색의 털이 있는 경우이므로 암컷에서만 나타난다. 하지만 아주 드물게 수컷에서도 삼색이 있는데, 이들은 염색체가 XXY 형태이기 때문에 세 가지 색이 나온다. 일반적으로 이런 수컷은 불임이어서 번식이 되지 않으며, 이를 클라인펠터 증후군이라고 부른다.

Q 임신한 사람은 고양이를 키우면 안 되나?

A 사람과 양의 경우 톡소플라스마에 감염이 되면 유산을 할 수 있다. 그런데 이 톡소플라스마에 자주 감염이 되는 동물이 고양이이다. 임산부가 감염된 고양이로부터 감염이 되면 유산을 일으킬 수 있기 때문에 흔히 임신한 사람은 고양이를 키우면 안 된다고 한다. 하지만 톡소플라스마는 생고기나 생야채, 또는 다른 동물과의 접촉을 통해서도 사람에게 감염을 일으키기 때문에, 고양이로부터만 감염된다는 것은 사실은 아니다. 임신을 계획하고 있는 부부라면 미리 항체 검사를 하여 고양이와 자신에게 톡소플라스마 감염 경력이 있는지 확인하여 항체가 형성되어 있다면 감염에 대해서 안전하므로 고양이를 키워도 된다. 하지만 임산부는 이 외에도 다른 원인체로부터 톡소플라스마 감염이 되지 않도록 주의해야 한다.

Q 고양이는 임신을 잘한다?

A 고양이는 교미 배란이라는 배란 구조를 가지고 있다. 이는 교미에 의해 배란이 일어나는 것으로, 대개 한 번의 교미가 확실한 임신으로 이어진다. 이런 이유로 발정기에 짧은 시간차를 두고 교미를 한다면 매번 배란이 일어나

므로 아빠가 다른 새끼들을 동시에 낳을 가능성이 있다. 고양이의 발정기는 1~3월, 5~6월 사이에 나타나는 것이 가장 일반적이고, 한 해에 2회에서 3회 정도 번식하며, 한 번 임신 시 4~6마리 정도의 새끼들을 출산한다.

Q 태어난 새끼 고양이들이 색깔이 제각각인데, 아빠 고양이가 여러 마리일 수 있나?

A 실제로 가능하며 이런 현상을 중복임신(superfecundation)이라고 한다. 앞서 설명했듯이 배란기의 암컷이 하루 사이로 다른 수컷들과 교배를 하게 되면 두 마리 수컷의 정자가 수정이 되어 아빠가 다른 새끼들이 태어날 수 있다.

Q 고양이는 생리를 하지 않는다?

A 고양이는 교미 자체가 자극이 되어 배란을 하는 교미 배란 동물이다. 다른 동물은 배란 시기에 교미를 해야 임신이 되는데 고양이는 그럴 필요가 없는 것이다. 즉 교미를 하게 되면 그 자극에 의해 임신에 필요한 난자가 배란이 되기 때문에 별도로 생리를 하지 않는다. 이를 '무혈

생리'라고 표현하기도 한다. 교배 후 24~48시간이 지나면 난소에서 배란이 일어나고 정자와 난자의 수정이 이루어지며, 수정란은 12~14일 후 자궁에 착상한다.

Q 고양이는 임신을 해도 발정이 온다는데…

A 고양이의 경우 임신이 아닐 때는 빈번하게 발정이 오며, 심지어 임신 중에도 발정이 올 수 있다. 이런 경우 또 다른 교미로 수정이 된다면 임신 기간이 다른 태아들이 존재하게 될 수도 있다. 이는 난산과 기형아 출산의 원인이 될 수 있으므로 임신중에는 수컷 고양이의 접근을 금해야 한다.

출산 후에도 곧바로 발정 주기에 따라 발정이 시작될 수 있기 때문에 이때에도 수컷 고양이의 접근을 금해야 한다.

Q 임신 중 고양이의 식단은?

A 임신 중에 설사나 변비를 일으키면 유산할 위험이 있으므로 가능한 신선하고 소화하기 쉬운 음식을 준다. 사료를 늘어난 영양 요구량에 맞게 새끼 고양이용 사료나 임신 고양이용 사료로 바꿀 수 있다. 임신기에는 비타민과 미네랄(특히 칼슘)의 요구량이 늘어나므로 알약이나 튜브 타

입의 영양제를 매끼 식사 이외에 추가로 급여하는 경우도 있다. 그러나 비만은 난산의 원인이기도 하며 칼슘의 과다한 섭취는 결석이 생기게 할 수도 있으므로 수의사와 상담하여 사료 및 영양제의 사용 여부를 결정한다.

Q TNR이 무엇인가?

A 야생 고양이가 무분별하게 증식하여 쓰레기봉투를 뜯거나, 로드킬을 당하거나, 발정기에 너무 시끄럽게 소음을 내는 등 민원의 대상이 되고 있다. 이와 같이 야생 고양이가 무분별하게 증가하는 것을 방지하기 위하여 포획(Trap)하여 번식을 못하게 중성화(Neuter)하고 다시 놓아주는(Return) 사업을 줄여서 TNR이라고 한다. 여러 보고서에 따르면 TNR 사업은 개체수를 조절하는 데 효과적이라는 평가를 받고 있다. 자세한 내용은 동물보호관리시스템의 '길고양이 중성화(TNR)' 항목을 참고한다(http://www.animal.go.kr/portal_rnl/abandonment/road_cat_list.jsp).

Q 새끼 고양이의 암수 구별이 어렵나?

A 막 태어난 새끼 고양이의 생식기를 보면 거의 비슷해서 암수를 구별하기가 쉽지 않은 경우가 있다. 보통 이

유를 하고 3~4주령부터 성 구별을 하는데, 항문과 생식기관까지의 거리가 좀 더 먼 고양이가 수컷이고, 반대로 짧으면 암컷이다. 그리고 수컷의 경우는 항문과 페니스 사이에 고환이 형성될 수 있는 흔적이 있다. 단, 페니스를 확인하기 위하여 무리하게 노출하는 것은 삼가는 것이 좋다.

Q 고양이도 심장사상충에 감염이 되나?

A 고양이는 심장사상충에 걸리지 않는다고 생각하는 사람들이 있다. 심장사상충은 고양이에서도 예외가 아니다. 고양이가 공격적인 면역 반응으로 심장사상충 유충을 잘 막아내는 편이고 또 용혈 합병증도 개에 비해서 덜하기는 하지만, 고양이의 경우 진단이 더 어려우며 이로 인해 신경 증상이나 급사 등 갑작스러운 중증을 보일 수 있다. 특히 모기가 기승을 부리는 여름 전에 미리 예방접종을 해야 한다. 단, 심장사상충 약은 임신 및 수유 중인 고양이에게 사용 금지인 경우가 있으므로 주의한다.

Q 출산 직전인지 어떻게 알 수 있나?

A 출산 직전 고양이는 자신의 생식기를 핥기 시작한다. 출산 장소 주변을 서성이거나 불안한 행동을 보이기도

한다. 출산이 시작된 후 보통 1시간쯤 지나 첫 번째 새끼가 나오고, 이후 30분~1시간 간격으로 다른 새끼들이 태어난다. 분만 시간은 총 4~8시간이 걸리는 것이 일반적이지만, 길게는 하루에서 이틀까지 걸릴 수 있다.

Q 출산 시 어떻게 도와야 하나?

A 새끼를 낳는 모습을 지켜보되, 어미가 새끼의 양막(양수가 차 있는 막)을 제대로 제거하지 못하면 수건으로 닦아 준다. 탯줄은 어미가 알아서 이빨로 잘 자르지만, 그렇지 않는 경우 가는 실과 소독한 가위로 탯줄 자르는 것을 돕는다. 사람의 경우와 동일하게 새끼의 배로부터 2~3cm 거리의 탯줄을 실로 묶고 실을 중심으로 어미 쪽 탯줄을 잘라 준다. 그리고 갓 태어난 새끼들의 배의 움직임을 보고 호흡을 잘 하는지 살펴본다.

Q 태어난 새끼 고양이가 울지 않는다면?

A 양수가 입과 코를 막고 있을 가능성이 높다. 어미 고양이가 계속 핥아 주면 조금 뒤 울기도 하지만, 그래도 울지 않으면 거즈로 입과 코를 닦아 주고 옆구리를 쥐고 거꾸로 해서 몇 번 천천히 흔들어 준다. 그래도 울지 않으면

더운물과 찬물로 연달아 전신을 닦고 심장 마사지를 해주면 대부분 울음과 함께 숨을 쉬게 된다.

Q 불임수술은 어떤 경우에 할 수 있나?

A 출산 계획이 없다면 수의사와 상담해 수술을 감당할 수 있을 정도의 나이가 되었을 때 불임수술을 받게 한다.

중성화 수술은 발정기 암컷 고양이의 스트레스를 최소화하고, 무분별한 번식을 막을 수 있으며, 나이가 들어 발생하는 난소 종양, 자궁 질환과 같은 생식기 질병 예방에 효과적이다. 또한 수컷 고양이가 영역 표시를 위해 화장실이 아닌 곳에 배변하는 행위를 막아 주며, 다른 고양이와 싸우거나 집을 나가는 등의 문제를 예방하는 데에도 도움이 된다. 불임수술은 암컷의 경우 마취 상태에서 난소와 자궁을 제거하고, 수컷의 경우 마취 상태에서 양쪽 고환을 제거한다.

Q 출산 시 새끼가 거꾸로 나오는 경우 어떻게 도와줘야 하나?

A 새끼가 거꾸로 나오더라도 자궁 수축에 문제가 없다면 크게 위험하지 않다. 그러나 자궁 수축이 지연되어 새끼가 산도에 끼어 있다면 질식 가능성이 있으므로 보호자가 도와주어야 한다. 식용유 등의 기름을 자궁 주변에 바른 후 어미 고양이가 힘을 주는 타이밍에 맞춰 조심스럽게 새끼를 조금씩 꺼낸다.